◆印は不明確な年号、ころの意味です。

西暦	日本の動き	アジア・アフリカ
		1869 スエズ運河開通
		1874 ベトナム、フランスの保護国と
		1876 日朝修好条規締結
1865		1877 インド帝国成立　インド、イギ
		ロシア・トルコ戦争（―1878）
		1878 サン・ステファノ条約
	国家体制の成立　近代文学の開花　富国強兵　帝国主義・大陸進出開始の思想　大正デモクラシー	1881 エジプト＝アラービー・パシャの乱
		1882 エジプト、イギリスに軍事占領される（―1914）
		1885 インド国民会議派成立
		1886 ビルマ、イギリス領となる
		1887 フランス領インドシナ連邦成立
		1894 朝鮮＝東学党の乱
		日清戦争（―1895）
		1898 清＝戊戌の変法
		1899 清＝義和団事件（―1901）
1900		1900 日本、ロシアなど6か国が清に出兵
		1905 孫文、中国革命同盟会を東京で結成
		1906 インド国民会議　反イギリス運動おこる
		1908 青年トルコ党の革命
		1910 日韓併合
		1911 清＝辛亥革命
		1912 中華民国成立　孫文、臨時大総統に就任
		タゴール『ギーターンジャリ』
		1919 ガンジーのサチャグラハ運動はじまる
		中国国民党成立
		1921 中国共産党成立
		1922 オスマン帝国滅亡
		1923 トルコ共和国成立
1925		1924 中国＝第1次国共合作成立

目　次

エジソン　　　文・有吉忠行　　　　……………… 6
　　　　　　　　絵・安久津和巳

ゴッホ　　　　文・有吉忠行　　　　……………… 20
　　　　　　　　絵・高山　洋

シートン　　　文・有吉忠行　　　　……………… 34
　　　　　　　　絵・鮎川　万

ナンセン　　　　文 有吉忠行　　絵 永沢　樹　………… 48
タゴール　　　　文 有吉忠行　　絵 浜岡信一　………… 50
メーテルリンク　文 有吉忠行　　絵 永沢　樹　………… 52
クーベルタン　　文 有吉忠行　　絵 永沢　樹　………… 54
フォード　　　　文 有吉忠行　　絵 永沢　樹　………… 56
ヘディン　　　　文 有吉忠行　　絵 浜岡信一　………… 58
孫　文　　　　　文 有吉忠行　　絵 鮎川　万　………… 60

読書の手びき　　　文 子ども文化研究所　………… 62

せかい伝記図書館　14

エジソン
ゴッホ
シートン

エジソン

(1847—1931)

つきることのない探究心を一生燃やしつづけ、人びとの生活に明るい灯をともした発明王。

● なぜなの？　どうしてなの？

「天才とは、99パーセントの努力と1パーセントのひらめきです」

　生まれつき頭のすぐれた人でも、努力に努力をかさねてこそ初めて、ほんとうの天才といわれるような人間になれるのだ……という言葉を残した世界の発明王トマス・アルバ・エジソンは、1847年にアメリカ北部のミランという町で生まれました。

　父サムエルは、屋根板を作る木工所の経営者です。母ナンシーは、小学校の先生をしたこともある、教養の高いやさしい人でした。

　7番めの子として生まれたエジソンは、幼いころから、好奇心のひといちばい強い子どもでした。

「どうして、こうなるの？」「これは、なぜなの？」

　わからないことがあると、だれにでも質問します。その熱心なことといったら、エジソンの顔を見た大人たちが、逃げだしてしまうほどでした。

　ある日のこと、かじやの職人に「火はどうして燃えるの？」と聞きました。しかし職人は「燃えるから火なんだよ」と答えただけでした。そこでエジソンは、家に帰って、物置き小屋のわらに火をつけてみました。火が燃えるところを確かめてやろうと思ったのです。火はどんどん燃えひろがり、とうとう小屋を焼いてしまいました。

　ガチョウが卵をあたためているのをまねして、鳥小屋で卵をだいて、いっしょうけんめいに、ひなにかえそう

としたこともあります。何度実験に失敗しても、ふしぎだと思うと、やっぱり確かめずにはいられませんでした。

　1854年、一家はポート・ヒューロンに移り、エジソンはこの町で小学校に入学しました。

　学校に通うようになっても、ふしぎがりやの性格は少しも変わりません。

「1たす1はどうして2になるのですか」「風はどうしたら見えますか」「リンゴはなぜ赤いのですか」「ＡＢＣはなぜあるのですか」

　エジソンの質問ぜめにあった先生は、かんかんにおこってしまいました。

「なぜ、そんなあたりまえのことを聞くのだ。おまえの頭はくさっている」

　先生には、エジソンの性格がつかめなかったようです。

　エジソンは、わずか3か月で学校をやめ、家で、母のナンシーから勉強を教わることになりました。

　質問ずきで実験ずきな息子の長所を伸ばそうと考えたナンシーは、エジソンに国語や算数を教えただけでなく、歴史や文学をたいせつにする、広い心を養わせました。

「人間は、人類のために努力して生きなければならない」

　このすばらしい母の教えを、エジソンはしっかりと身につけていきました。

●汽車のなかの実験室

　10歳になったエジソンは、家の地下室を実験用に使いはじめました。そして、実験どうぐや薬品をかき集めては「実験室」にとじこもるようになりました。
　とんでもない実験をして、両親から大目玉をくったこともあります。
「風船の中に空気よりも軽いガスを入れると、空高くあがる。それなら、からだにガスをつめれば、人間は空を飛べるにちがいない」と考え、友だちの少年に炭酸ガスを発生するフットウサンを飲ませました。ところが空を

飛ぶどころか腹痛をおこしてしまったのです。エジソンは、軽はずみな実験がどんなに危険かを知り、深く反省しました。
　さまざまな実験どうぐをそろえるためにはお金が必要です。やがてエジソンは、自分でかせいで実験をつづけようと決心しました。そして12歳のとき、ポート・ヒューロンの町に鉄道が開通すると、汽車のなかの売り子になりました。
　汽車は、毎朝7時にポート・ヒューロンを発車して、10時にデトロイトに着きます。ポート・ヒューロンにもどってくるのは、夜の9時半です。
「デトロイトにいる8時間は仕事もないし、りっぱな図書館がある。あそんですごすのはもったいない」
　エジソンは、時間の許す限り図書館に通って、ほとんどの本を読みつくしました。また、仕事なかまの機関手や電信係からも、学べるだけのことを教わりました。
　知識が豊かになればなるほど、実験したいことも、どんどんふえていきます。
　しばらくするとエジソンは、汽車の荷物室の片すみに、実験室をつくらせてもらいました。車内での売り子の仕事は、すぐ終わります。そこで、往復6時間を、汽車のなかの動く実験室ですごそうと考えたのです。

　15歳になると、こんどは、動く実験室のなかに、新聞印刷機を運びこみました。
　そのころのアメリカは、リンカーン大統領のどれい解放宣言をめぐって、解放反対の南部と、賛成の北部とに分かれて、南北戦争が始まっていました。
「みんな一刻も早く戦争のニュースを待ちのぞんでいるんだ」
　エジソンは、駅の電信手から、はいりたてのニュースを教えてもらって新聞を作れば、おおくの人たちによろこばれるうえに、よく売れるにちがいないと考えました。
　記事を書くのも、活字をならべて印刷するのも、そし

て売るのも、エジソンたった一人の仕事でした。『週刊ヘラルド』は、思ったとおり、たちまち評判になりました。ところがまもなく、汽車のなかでの実験と新聞発行は、あきらめなければなりませんでした。薬品のビンが棚から落ちて荷物車のなかが火事になってしまい、実験どうぐも印刷機も、外にほうり出されてしまったのです。

●アメリカ一の電信手

　荷物車で火事を起こした年の夏、売り子の少年は、電信技師への道を歩みはじめました。

　ある日、貨車にひかれそうになった駅長の子どもを、命がけで助けたエジソンは、感謝のしるしとして、駅長から電信技術を教えてもらうことになったのです。

　電信は、いちばん学びたかったことです。エジソンは３か月もたつと、むずかしい技術をすっかり身につけ、カナダのストラトフォード駅の、電信手になりました。エジソンが、いかにも将来の発明家らしいことをして人びとをおどろかせたのは、このときです。

　夜の勤務のとき、とくに通信することがなくても、異常がないことを知らせるために、１時間ごとに「６」という信号を、発車事務所に送信する規則になっていました。もちろん、エジソンのいる駅からは、おどろくほど

正確にその信号が事務所へとどきます。ところがある夜、事務所の方から、ストラトフォード駅に送信しても、エジソンからの応答がありません。ふしぎに思った監督官が行ってみると、エジソンは眠っているではありませんか。

エジソンは、昼のあいだは時間を惜しんで勉強するため、夜は眠くてしかたがありません。そこで、電信機と時計を接続し、1時間たったら電信機が自動的に「6」を発信するようにして、自分は寝ていたのです。

エジソンは、ひどくしかられました。しかし、16歳の少年が考えたすばらしい自動発信装置は、監督官をすっかり感心させてしまいました。

やがてエジソンは、駅の仕事をやめ、電信技術者として、アメリカ各地を渡りあるくようになりました。

　エジソンは、どこへ行っても勉強と実験にむちゅうでした。そのため、電信手としての規則を完全に守れず、仕事を、すぐやめさせられてしまったこともありました。しかし、母が育ててくれた未知への好奇心は、いっそう広がるばかりでした。

　いろいろな経験を積むうちに、電信手としてのうではしだいにみがかれ、21歳のころには、すでに受信も送信も、アメリカのスピード王といわれるほどでした。しかし、そんな名誉にあまんじることなく、エジソンは電気の研究をつづけていました。

「電信手を一生つづける気はない。ほんとうにやりたいのは、世のなかのためになる発明だ」

　まもなくエジソンは、発明第１号を完成しました。電信を応用した電気投票記録器です。しかし、議会での賛成数と反対数が、議員たちのボタン１つであらわれるように工夫したこの機械は、特許はとれたものの、実際にはまったく採用されませんでした。

　エジソンは、この投票記録器の実験と研究のために大きな借金をかかえてしまいました。しかし、お金を失ったかわりに「発明は便利なだけではだめだ。おおくの人

びとによろこんで利用してもらえるものでなければ価値がない」という、たいへん貴重なことを学びました。
　そのご、通報機の改良でいくつかの特許をとったりするうちに、エジソンに、大きな幸運がめぐってきました。万能印刷機の発明です。どんな電報文でもすぐ印刷できるというこの機械のおかげで、4万ドルものお金が、貧しいエジソンのもとにころがりこんできたのでした。

● メンロー・パークの魔法使い

「さあ、ほんとうにやりたかった仕事を始めよう」
　23歳の青年エジソンは、ニュージャージー州のニュー

アークに大きな研究室と工場をつくりました。

　4万ドルという大金を、発明を通して、おおくの人びとのために役だてようという希望に燃えていました。

　エジソンは、250人もの研究者や労働者といっしょに、「あの工場の時計には針がない」といわれるほどはたらきました。

　工場を建てた翌年、母のナンシーが、とつぜん亡くなってしまいました。「ぼくの才能をひきだしてくれたのは母だ」と口ぐせのようにいっていたエジソンは、母の心を思い、さらに研究にうちこむようになりました。

　電信を文字にかえて記録する印字電信機、1本の電線で同時にいくつもの電信ができるようにした2重・4重式電信機。それに複写機。火災報知機。

　1876年に研究所をメンロー・パークに移してからは、炭素送話器、蓄音機、炭素電球などが、やつぎばやに生み出されました。1日の睡眠時間が2、3時間。ときには3日間一睡もしないという努力が、次つぎに実を結んでいったのです。

　そのころ電話は、グラハム・ベルによって発明されたばかりでした。しかし、ベルの電話は声が小さくて、実用的ではありませんでした。そこでエジソンは、炭素送話器を発明し、電話を、どんな遠距離間でも使えるよう

にしたのです。
　エジソンの発明のなかで、もっとも人びとをおどろかせたのは蓄音機です。
　いまから、130年以上もまえ、機械が、ものをいったり歌をうたったりしたのですから、人びとがこしをぬかすほどびっくりしたのは、むりもありません。蓄音機を聞こうと研究所におしかけてくる人たちのために、鉄道会社は、毎日、特別列車をしたてなければならないほどでした。
　エジソンは、いつのまにか「メンロー・パークの魔法使い」とよばれるようになっていました。

電燈の研究は、エジソンが生まれるまえから始められていました。しかし、明るい光を、しかも、長時間ともしつづけることには、まだ、だれも成功していません。
　エジソンは、大きな電気抵抗をもつ炭素の細いフィラメントを作ることに精魂をかたむけました。そして1879年の10月21日、ついに実験が成功したのです。このときの電球は、45時間も輝きつづけました。
「エジソンばんざい。おめでとうエジソン」
　人びとの歓声にかこまれたエジソンの目には、こらえきれない熱いなみだがあふれていました。

● **人類の平和のために**

　1931年、エジソンは84歳で亡くなりました。32歳のときに電球の実験に成功してからは「人間に役だつ電気」を考えつづけ、ソケット、活動写真、アルカリ蓄電池などをつぎつぎに発明しました。大型発電機や電車の製作のほか、飛行機の研究をしたこともあります。自動車王とよばれた親友フォードのために、ゴムの研究をしたこともあります。
　84年の生涯のうちに、エジソンが成しとげた発明や工夫は、1097種類にものぼっています。おおいときは1年に141、新しい「なにか」が生み出されました。

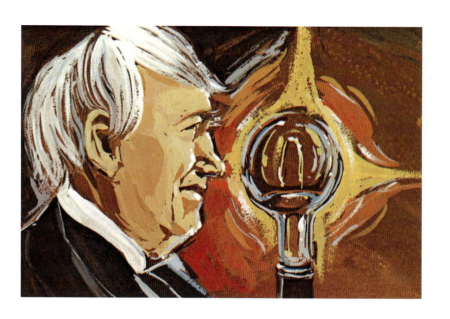

　しかし、エジソンの偉大さは、数おおくのすぐれた発明をしたことだけにあるのではありません。
「つねに夢と希望をもて、そして前進せよ」という信念を守りぬくことは、ほんとうに強い意志がなければ、けっして実現できなかったでしょう。人と人が殺しあうための兵器などは何ひとつつくらず、人類の平和のためだけを考えて、発明をつづけました。
　エジソンは、まだ若いうちに母や妻を亡くし、その一生は、幸福なことばかりだったわけではありません。しかし、苦しくともけっしてくじけず、実験にうちこむなかから、自分の生き方をみいだした偉大な生涯でした。

ゴッホ

(1853—1890)

貧しさと孤独にたえ、苦悩のすべてをさらけだしながら、炎のように激しく生きた画家。

●無口でがんこな少年

「炎の人」「太陽の画家」とよばれるビンセント・ファン・ゴッホは、1853年、オランダ南部のツンデルトという村に生まれました。父は、キリスト教の貧しい牧師でした。

幼いころのゴッホは、無口で、がんこで、そのうえときどきかんしゃくを爆発させる、困った少年でした。

弟や妹とはあそばず、いつもひとりで野や山へ行き、木かげで何時間もすごしました。やわらかい太陽の光をあびながら、草や花や小鳥にかこまれてあそんでいるときほど、楽しいことはありません。静かな自然のなかにいるときだけは、心がすなおになれるのです。

そんなゴッホですから、村の小学校へ入っても、友だちができません。人からおしつけられることのきらいなゴッホは、友だちといさかいばかり起こしていました。

それに学校の規則も守らないので、学校じゅうで「やばん人だ」とばかにされるようになり、ゴッホは、すぐに退学をしてしまいました。

両親は、悩み、わが子の行く末を心配しました。しかし、たったひとり、4歳下の弟のテオだけは、ゴッホを信じきっていました。

「にいさんは、すばらしい人なんだ。みんな、それが、わからないんだ」

テオは、兄がかいた絵や、自然をみつめる兄の目に、だれにもない強さとやさしい心を感じていました。

テオが兄をしたうにつれて、ゴッホの心もしだいにほ

ぐれ、兄弟のあたたかい思いやりは、日ごとに深まっていきました。

家庭教師について勉強していたゴッホは、12歳になったとき、父のすすめで、町の寄宿学校に入りました。こんどはおとなしく、学校へ通いつづけました。

しかし、ゴッホの性格がかわったわけではありません。人にめいわくをかけることはなくなりましたが、以前にもまして、孤独をこのむようになっていたのです。小説や哲学や神学の本ばかり読んでいました。

休暇で家に帰ってきて、テオと散歩しているときだけは明るい顔をみせましたが、ふだんは、もうすっかり老人になってしまったかのようにみえました。

「あの子は、これから自分の力で、生きていけるのだろうか」

やがて4年が過ぎ、ゴッホは学校をぶじに卒業しました。しかし両親のわが子の将来にたいする心配は、けっしてなくなりませんでした。

●店員も先生も牧師も失敗

16歳になったゴッホは、両親やしんせきの人がすすめるままに、ハーグの町のグーピル商会という画廊ではたらき始めました。もともと絵がすきだったゴッホは、

まわりの人が心配するようなこともなく、まもなく、まじめな店員になりました。

絵を売る1日の仕事が終わると、夜は本を読み、暇をみつけては美術館をまわり、名画と接しました。

やがて弟のテオも、グーピル商会のブリュッセル支店ではたらくようになりました。これは、ゴッホにとって、大きなはげましとなりました。

「ぼくたちが同じ職業につくなんて、うれしくてたまらない。これからは、たがいに手紙ではげましあおう」

このころからゴッホは、生涯を終えるまで20年もの間、あるときは喜びの、あるときは苦しみの手紙を、テ

オに書きつづけました。

　ところが、ゴッホ自身のグーピル商会の仕事は、あまり長つづきしませんでした。

　ロンドン支店に転勤してまもなく、初恋にやぶれたゴッホは、もとの孤独な状態にもどってしまいました。さらにパリの支店へ移ったころには、くだらない絵でも、客が喜べば売らなければならない仕事に、いや気がさしていました。

　支配人とけんかをしてグーピル商会の店員をやめたゴッホは、心を入れかえるつもりで、ロンドンの小さな小学校の先生になりました。

　ところが、生徒たちの家をまわって授業料を集めてくるように命じられても、どの家も貧しく、それに同情して、お金を集めることができませんでした。不幸な人びとを知り、怒りにもえたゴッホは、とうとう校長とけんかをして、わずか数か月で学校をやめてしまいました。

　つぎには、牧師の助手になって、説教の手伝いをするようになりました。ところが、神につかえるよろこびのあまり、ろくに食事もとらずにはたらきすぎて病気になり、この仕事も、数か月で失ってしまいました。

　そのご、ほんの短いあいだ書店に勤めましたが、どうしても神につかえる仕事につきたくて、伝道師養成学校

に入りました。
　そこで3か月間学んだあと、伝道師となって、ベルギーの貧しい人たちばかり住む炭坑町にとびこみました。
「喜びも悲しみも、みんなと分かちあうのだ」
　ゴッホは、持っていたお金も服も人にあたえ、捨ててあった古い兵隊服を着て、神の教えを説いてまわりました。貧しい家へ行って仕事を手伝い、病人やけが人があれば、むちゅうで看護しました。食事はパンと水だけでした。夜は、こわれかけた小屋の、つめたい土の上で眠りました。
　ところが、ゴッホのなりふりかまわない熱心さが、か

えって伝道委員会の人たちにきらわれ、6か月間で、伝道師の資格をとりあげられてしまったのです。

がいこつのようにやせおとろえたゴッホは、足をひきずりながら、炭坑の町を出ていきました。細いうでにかかえた荷物は、伝道のかたわら貧しい人たちを描いた、ひとたばのスケッチだけでした。

●発見した自分の道

「もう、ぼくには絵しか残っていない、そうだ画家になろう。自分の心を絵であらわそう」

あらゆることに失敗したゴッホは、27歳になって初めて、自分のほんとうの道を発見しました。そして両親のもとへ帰り、どろにまみれ苦しみと闘って生きていく農民たちを描きはじめました。

しかし、ものの考えかたのちがいからできた両親との心のみぞは、深まっていくばかりで、ゴッホは家庭のなかでも孤独になっていきました。

それに、牧師の父には、お金のよゆうはありません。ゴッホが生活していくお金は、弟テオからの送金にすがるよりしかたがありませんでした。

しばらくすると、みんなが反対する女性に結婚を申しこんでさわぎを起こし、父に「早くどこかへ行ってくれ」

とさえ、いわれるようになってしまいました。
　でも父をにくむようなことはなく、それからまもなく、父がとつぜん亡くなったときには、あふれでるなみだを、おさえることができませんでした。
　そう式に集まったしんせきの人たちは、おまえが殺したのだ、といわんばかりに、ゴッホにつめよりました。絵のモデルになっていた農民たちにも、そのご、つめたくことわられるようになってしまいました。
　ゴッホのさみしさや、心のやすまる平和な家庭を求める気持ちは、だれにも理解してもらえないのです。
「もう、母のことは忘れて、村をでよう」

32歳になっていたゴッホは、二度とふるさとへはもどらないことを固く決心して、アントワープの町へ旅だちました。村を出ていくゴッホの腕には、のちに名画のひとつに数えられるようになった『ジャガイモを食べる人びと』が、しっかりかかえられていました。

●明るい太陽をもとめて南の国へ

「アントワープはいい町だ。モデルをたのんで、人物画の勉強をつづけているよ」

絵の具屋の2階に部屋を借りたゴッホは、テオに手紙で元気なようすを知らせ、つぎつぎに絵をかきあげました。モデルをたのみすぎて、お金がなくなると、食事は黒パンだけをかじってがまんしました。

「からだをやすめて、栄養をとらないとだめですよ」

やせほそり、歯がぬけてしまったゴッホを見て、医者は、きびしく注意しました。でも、このころから自分は長生きできないのではないかと、思うようになっていたゴッホは、からだをやすめるどころか、町の美術学校へ入って、さらにはげしく勉強を始めたのです。

ところが、この美術学校の教師たちは、整った形ばかりにこだわっていました。すっかり失望したゴッホは、すぐに学校をやめ、もっと自由な絵の世界を求めて、テ

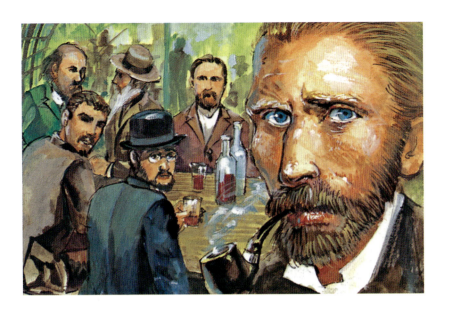

オのいるパリへやってきました。

「よくきてくれましたね、にいさん。がんばって、いい絵をかいてください」

ゴッホは、心やさしいテオにむかえられて、すっかり元気をとりもどしました。そして、まだ若かったベルナールやロートレックや、びんぼう画家だったゴーガンらとまじわり、形よりも自分の心で感じたことをたいせつにする印象派の絵を学んでいきました。風景や人物にも、ゴッホの絵は、だんだん明るさをましていきました。

ところが１年もたつと、しだいに都会のさわがしさに疲れ、酒を飲んでは、人とあらそうようになってしまい

ました。パリにきてからいっしょに生活していたテオには、めいわくばかりをかけるようになり、ゴッホは、また少しずつ、まえのように、暗くしずみがちになっていったのです。
「明るい太陽が輝く、南の国へ行こう」
家にとじこもって自画像ばかりかくようになっていた34歳のゴッホは、ある日、南フランスのアルルへ行く決心をしました。
ゴッホがアルルへ向かったのち、テオが家へ帰ってくると、きれいにかたづけられた部屋に、1枚の絵が残されていました。それは、パリでいちばん最後にかきあげられた『黄色い静物』でした。
「なんと美しい絵だろう。にいさんは、やっぱり天才だ」
テオは、いつまでも絵の前からはなれませんでした。

●自分の胸にあてたピストル

アルルのゴッホは、春は果樹園や畑に立ちつくし、夏は燃える太陽にからだをさらして、花、木、道、川、橋、空、太陽を描きつづけました。それは、野にあふれた光と色を、すべて自分のものにしてしまわなければ気がすまないような、激しさでした。夜も町へでて星空の下の町かどをかき、昼も夜も目に見えるものならなんでも絵

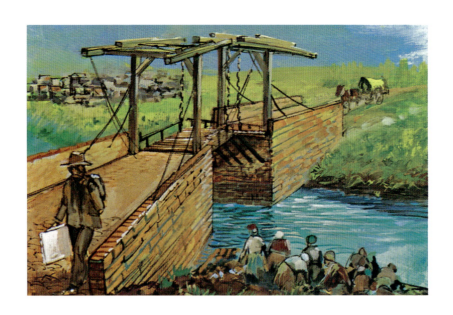

にするゴッホを見て、アルルの人びとは半ば笑い、半ば驚きの声をもらしました。

　親しい友だちがいないゴッホの心の片すみに、絵にむちゅうになっていないと、ついさみしくなってしまう悲しさがあることを、町の人は知りませんでした。

「そうだ、ゴーガンをアルルへよぼう」

　やがてゴッホは、パリで知りあったゴーガンをよびよせました。そして、ゴッホが用意した黄色い家で、芸術を語りあう楽しい生活を始めました。

　ところが、いつまでもつづくはずだったふたりの生活は、わずか2か月でやぶれてしまいました。

性格と、芸術にたいする考えかたのちがいから、ついにクリスマス・イブの日に、ゴッホはカミソリを持ってゴーガンを追いかけまわしてしまったのです。そして、錯乱状態のまま、ゴッホは、自分の左耳の一部をそぎ落としてしまいました。
「ゴッホは、気が狂ってしまったのだ」
　ゴーガンはアルルを去り、顔にほうたいを巻いたゴッホは、精神病院にとじこめられました。
　テンカンの発作がおきただけで、気が狂ったわけではありませんでしたが、それでも、ときどきおそってくる発作と闘わなければなりませんでした。
　しかし、絵をかくことはやめませんでした。病室では部屋にころがっているものや、窓から見えるものを片っぱしから描き、半年ごに退院すると、ふたたび太陽の下で絵筆をとりました。
　でも、それはもう、燃えつきようとするろうそくが、最後の光を放っているようなものでした。
　発作の不安から完全にのがれることのできなかったゴッホは、1890年の夏に美しいオーベールの村に移ってまもなく、ついに、太陽がふりそそぐ緑の丘で、自分の胸にあてたピストルの引き金を引いてしまったのです。そして病院に運ばれて2日の後に、テオの手をにぎりし

ゴッホ画『黄色い麦畑と糸杉』

めたまま、37歳の生涯を閉じました。
　ところが、まるで、兄弟ふたりのたましいがたがいに呼びあったかと思われるように、テオも、それから半年の後にゴッホのあとを追うかのように、亡くなってしまいました。
　ゴッホほど、自分の情熱を燃えあがらせた画家は、ほかにいないかもしれません。また、これほど人びとから理解されなかった画家も、ほかにいないかもしれません。自分が生きているあいだに売れた絵は、たったの1枚だけでした。

シートン

(1860—1946)

美しい大自然と野生の動物たちを友だちにして生き、すばらしい動物物語を残した作家。

●偉大なオオカミ王ロボとの戦い

　アメリカ合衆国南西部のニューメキシコの谷に、年をとった、ゆうかんでとてもかしこいオオカミがいました。近くの牧場のカウボーイたちは、オオカミ王ロボとよんでいました。

　ロボは、なかまを従え、毎晩のように牧場にしのびよってきては、牛をおそいました。

　「ロボをとらえなければ、牛は、みんな殺されてしまう」

　カウボーイたちは、なんどもなんども、たくさんのわなをしかけました。しかしロボは、人間が考えたどんなわなにも、かかりませんでした。

　そして、ロボたちと人間との戦いは５年もつづきました。ある日、ロボは、ついに生けどりにされてしまいました。妻のオオカミがとらえられ、悲しみにいかりく

シートン『動物記』より

るったロボが、妻を助けようとして、わなにかかってしまったのです。

　とらわれたロボは、もう助からないとさとったかのように、けっしてほえたりしませんでした。人間があたえた水や肉には見むきもせず、谷のほうをじっと見つめたまま、オオカミ王らしく、静かに死んでいきました。

　この『オオカミ王ロボ』をはじめ、数おおくの動物物語を書いたアーネスト・トンプソン・シートンは、1860年にイギリスで生まれました。父は、12そうの船をもつ商人でした。しかし、シートンが5歳のとき、事業

に失敗して、一家は大西洋を越え、カナダへ移住しました。
　シートンのほかに12人もの子どもをかかえた大家族は、オンタリオ州のリンゼーの町から６キロメートルほどはなれた森林で、開拓者の生活を始めました。
　初めて見る、さまざまな動物。むねがわくわくするような鳥の巣さがし。ストーブの火があかあかと燃える、丸木造りの学校。大きなクマと戦ったという、年とったりょうしの、はらはらする話。
　シートンにとって、開拓地での生活は、このうえなくすばらしいものでした。でも、わずか４年で、この動物の森とは別れなければなりませんでした。父や母には、荒あらしい開拓の仕事は、むいていなかったのです。

● ひとりで建てたひみつの小屋

　一家は、オンタリオ湖のほとりのトロント市へ移りました。そして、父は会計士の仕事につき、シートンは公立学校へ通い始めました。毎日、友だちとけんかをするわんぱくなシートンでしたが、リンゼーの森の楽しさは、忘れたことはありませんでした。
「森の奥には、もっといろんな動物がいたんだろうなあ」
　動物のはくせいや毛皮をかざった店へ行っては、鼻を窓ガラスにおしつけ、なん時間もながめていました。

　『カナダの鳥類』という本が売りだされたときは、うれしさのあまり、からだがぶるぶるふるえるほどでした。かわいがっていたウサギを売り、たいせつにしていた物語の本も売り、さらにはアルバイトまでして、シートンはお金をためました。2か月かかってやっとその本をむねにだいたときのうれしさは、とても、言葉ではいい表わせませんでした。
　野生動物のことを考えれば考えるほど、森の生活へのあこがれは強まるばかりです。14歳のときにはひとりで遠征に出かけ、おもしろいひとときを味わいました。
　トロント市の北に原始林を見つけて、自分だけのひみ

つの小屋を建てたのです。

　土よう日ごとに出かけて、穴を掘り、石を運び、丸木を積み、草で屋根をおおい、小屋ができあがるまでには１年もかかりました。やせっぽちのシートンには、たいへんな力仕事でしたが、自分だけの小屋をもつという夢を実現するために、がんばりとおしました。

　小屋が完成したときの、うれしかったこと。シートンはインディアンになったつもりで、はだかになり、こしにナイフをぶらさげ、髪には羽かざりをつけ、片言のインディアン語をさけびながら、原始林のなかをかけまわりました。

　家や学校で悲しいことがあったときでも、小屋へ行くと、ふしぎに心が静まりました。

　ところが、ある日のことです。いたずらをして父にしかられ、なみだをこらえてとんで行くと、小屋は３人の浮浪者に、せんりょうされているではありませんか。
「ああ、神さま！ああ、神さま！」
　シートンは、そっと小屋をはなれると、土にうつぶして、泣きつづけました。

● 皇太子へ書いた手紙

　やがて高等学校を卒業したシートンは、博物学者になる夢をふくらませていました。ところが父は反対でした。

「動物の研究などして、なんになる。おまえは、いつも絵の成績だけは1番だった。おまえは画家になるのだ」

父は、とてもがんこな人です。いままでに家で父の命令にそむいたものは、ひとりもいません。

「しかたがない。画家への道を進もう」

シートンは、オンタリオ美術学校へ通って絵の勉強を始めました。どんなにすばらしい人物画がかけても、けっして楽しくはありませんでしたが、それでも勉強だけは熱心につづけ、優秀な成績で卒業しました。そして、1879年には、さらに絵を学ぶために、たったひとりでイギリスへわたりました。

ロンドンに着いたシートンは、画家の卵たちがあこがれるロイヤル・アカデミー絵画彫刻学校の入学試験にだす絵をかくために、世界の名画が展示された大英博物館へ通い始めました。

　ところが、思いもかけないすばらしいことが待ちかまえていました。博物館の図書室には、世界じゅうの博物学の本がそろっていたのです。

　シートンは、図書室へとんで行きました。しかし、なんと残念なことに、21歳にならないと図書室へは入れない規則なのです。19歳のシートンは、2年も待たなければなりません。書記長にたのんでも、館長にたのんでもだめでした。

　しかし、館長はシートンに、イギリス皇太子、キリスト教の大僧正、総理大臣の許可がもらえれば、図書室に入れることを教えてくれました。

　シートンは下宿へ帰ると、思いきって、3人に手紙を書きました。返事をもらえるとは思えませんでしたが、できるかぎりのことをしなければ、気がすまなかったからです。

　すると、ばんざいをしながらロンドンじゅうをかけまわりたいような、返事が届きました。

　そして、館長によびだされたシートンは、博物学への情熱をほめられたうえに、一生涯使える館友券をわたさ

れたのです。
「なんてすてきなんだろう。あきらめなくて、ほんとうによかった」
　シートンは、それから毎日、昼は博物館で絵をかき、夜は10時に図書室がしまるまで、動物の本を読みふけり、なにもかも忘れた時間をすごしました。
　しかし、このしあわせな日びも、長くはつづきませんでした。やがてロイヤル・アカデミーへはみごとに合格したものの、お金がなくて食事もろくにとらなかったため、すっかりからだが弱り、トロントへ帰らなければならなくなってしまったのです。

「あの図書室には、読みたい本がまだまだあったのに」
　やせこけたからだによれよれの服を着たシートンは、大英博物館にわかれをつげて、船に乗りました。

●野生動物をもとめて西部へ

　やさしい母のもとへ帰ったシートンは、２週間もすると、すっかり元気になり、むかし、ひみつの丸木小屋を建てたあたりへでかけて、鳥の研究を楽しみました。
　そんなある日のことです。思いがけないことを、父からつげられました。
「生まれてから、きょうまで、おまえを育てるのに537ドルのお金がかかっている。おまえはもう21歳だ。これからはこのお金を、はたらいて返しなさい」
　シートンは、父の言葉に、声もでないほど悲しくなり、外へとびだして、むちゃくちゃに歩きまわりました。やがてしだいに、心が軽くなって「よし、早く自分で道をきりひらき、お金も返そう」という気持ちになりました。
　でも、どんな道へ進めばよいのか、まったくわかりません。それにいつまでも母にあまえているわけにもいきません。
「そうだ、自然のなかで仕事をしながら、暮らそう」
　シートンは、クリスマス・カードに鳥の絵をかいて手

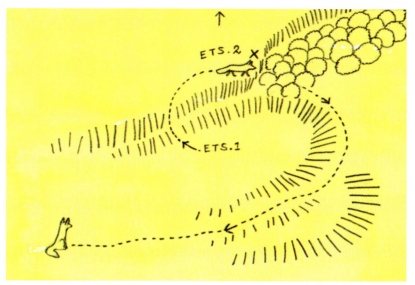

シートン『動物記』より

に入れたお金で汽車のきっぷを買い、カナダの西部に農場をもっている、兄のところへ行きました。

　農場の手伝いをしながら、森林や草原に現われるさまざまな動物を観察し、こまかく記録していくうちに、1年半がすぎました。

　シートンは、これから自分が生きていく道のことを考えるようになりました。そして1883年の11月にニューヨークへ出て、動物の絵をかく出版社の仕事を始めました。しっかりした目で動物をとらえ、生き生きと描くシートンの絵は、出版社の人びとをびっくりさせました。

いつのまにか貯金もできて、父に537ドルを返すこともできました。ところが、しばらく都会にいると、自然の動物たちに会いたくてたまらなくなり、カナダの大自然のなかへもどってしまいました。
　1890年、動物画家として生活していける自信がついたシートンは、もっと絵の勉強をするために、ふたたび大西洋を越えて、フランスの首都パリへわたりました。そして、動物園へ通いつづけてオオカミの絵をかき、展覧会に入賞しました。しかし、2年もすると、またもや自然が恋しくなり、絵の勉強をきりあげて、カナダへ帰ってきてしまいました。
「牧場の牛がオオカミにおそわれて、大そんがいをうけています。カウボーイも困りはてています。野生動物にくわしいあなたの力で、たいじしていただけませんか」
　1893年、33歳のシートンは、ニューヨークで知りあった事業家の、このたのみをひきうけて、アメリカのニューメキシコへ行きました。
　これがシートンとオオカミ王ロボとの出会いでした。カウボーイやりょうしたちが、5年かかってもとらえることができなかったロボに勝てたのは、シートンがニューメキシコへきて4か月ものちのことでした。
「ロボは、偉大な英雄だった」

　シートンは、ロボをとらえたとき、4か月のあいだの苦しみを忘れて、偉大だったオオカミ王の生涯を、心のなかで、なんどもたたえました。

●大評判になった動物物語

　ロボと戦った年の夏、シートンはもういちどフランスへわたり、2年ごにアメリカへもどってくると妻をむかえて、ニューヨークで生活を始めました。そして、いままで出会ったすばらしい動物たちを主人公にしたすてきな物語を書いたのです。

　そして、それまでに雑誌に発表した物語のなかから、

『オオカミ王ロボ』『ぎざ耳ウサギ』『スプリングフィールドのキツネ』などの8編を集めて出版すると、たちまち大評判となりました。動物たちの心や生きていくすがたを、これほど生き生きと描いた物語は、ほかにはなかったからです。

　本を読んだ人たちからは、次つぎに講演をたのまれるようになり、動物作家シートンの名は、またたくまに、アメリカじゅうに広まりました。つづいて出版した『狩られるものの生活』『動物の英雄たち』『ハイイログマの生涯』などの物語も、ますます広く読まれました。

　しかし、シートンは、ペンをにぎっていただけではありません。

「少年たちにとって野外生活ほどすばらしいものはない」

　ニューヨークのはずれに山林のある広い土地を手に入れ、わんぱく少年たちを集めて、シートン・インディアン団をつくりました。そしてそれは、のちにボーイ・スカウト団へ発展して、シートンは長いあいだその委員会の議長をつとめました。

「北極圏へ、大冒険旅行をしてみたい」

　丸木船でカナダ川をくだって北へ北へ旅をつづけ、死にそうなめにあいながら、北極圏にすむ動物たちのこと

を調べたこともありました。
「野生の鳥は、人間が守ってやらなければならない」
　国の議会で、鳥類保護のための法律をつくるのにも力をつくしました。
　シートンは、こうして、大自然と動物と子どもたちを友だちにしながら、1946年に86歳の生涯を終えました。
　シートンが亡くなったとき、アメリカの有名な雑誌は、この偉大な動物作家をつぎのような言葉でたたえました。
「動物は、人間の敵ではなく、人間の友だちだということを教えてくれた人だ」
　シートンは、動物たちを、心から愛した人でした。

ナンセン（1861—1930）

　1893年6月、ノルウェーのクリスチアニア（いまのオスロ）港から、フラム号という1せきの船が、北極へ出発しました。乗りこんでいるのは、31歳のナンセンと12名の探検隊です。
　おわんを細長くしたような、きみょうな形のフラム号は、流氷にぶつかってもこわれないように造られています。シベリアの沖から北極を通ってグリーンランドへ流れる海流に乗り、流氷といっしょに北極へ向かい始めました。
　ところが、おそろしいほど厚い流氷にかこまれてしまった船は、1年たっても、ほんのわずかしか進みませんでした。
「このままだと、北極へたどり着くのはむりかもしれない」
　ナンセンはフラム号に別れをつげ、隊員のヨハンセンとふたりだけで、からだのしんまで凍りつくような寒さと闘いながら、氷原を犬ぞりで走りました。しかし、20日もすると、人間も犬も、すっかりつかれはててしまいました。
　ナンセンは、北緯86度14分の地点に国旗を立てて、ひき返すことにしました。白クマにおそわれたり、食べ物がなくなったり、おおくの苦しみをのりこえてノルウェーにもどったのは、クリスチアニアの港を出てから3年2か月ののちでした。
　この探検で、北極点への夢は果たせませんでしたが、北極奥地の未知のすがたを、初めて世界に知らせました。
　1861年、ノルウェーに生まれたフリチョフ・ナンセンは、少年時代から、スキーで野や山をすべり歩くのがすきでした。大学では動物学を学び、卒業ごは、北極海へアザラシの調査に行きました。そして、しだいに雪と氷の世界に心をひかれる

ようになり、26歳のときに成功した世界最大の島グリーンランドの横断につづいて、フラム号で北極にいどんだのです。
　フラム号をおりてからは、国際海洋研究所の所長をつとめ、北の海の調査や研究に、大きな業績を残しました。
　40歳をすぎてからは、人類全体の幸福を願う人道主義にもえて、政治の世界でも活やくするようになりました。1914年に始まった第1次世界大戦では、戦争のひさんさを知りました。
　戦争が終わると国際連盟の結成に力をつくし、その夢を1920年に果たしてからは、シベリアに送られている数10万人の捕りょと、ききんで苦しんでいるロシアの難民の救済に、全力をそそぎました。人類愛に根ざしたはたらきがたたえられ、1922年にノーベル平和賞がおくられたとき、ナンセンは61歳でした。
　フラム号のフラムは、前進という意味です。ナンセンは、その船の名のとおり、勇気と愛で前進をつづけた人でした。

タゴール (1861—1941)

　インドの偉大な詩人ラビンドラナート・タゴールは、1861年に、インド北東部ベンガル州のカルカッタで生まれました。父は、たいへん信仰心が深く、人びとから聖人とあおがれた貴族でした。
　14人兄弟の末っ子だったタゴールは、たいへんあまえんぼうでした。規則にしばられるのが大きらいで、学校や家庭教師をいやがり、家の人たちをずいぶん困らせました。
　その半面、自分のすきなことにはむちゅうになり、とくに自然のなかでいろいろなことを考えているときは、時間のたつのも忘れてしまうほどでした。8歳をすぎたころから、自然を愛するあたたかい詩を作りはじめました。15歳で詩集『野の花』をまとめたタゴールは、はやくも詩作の才能を注目され、ベンガルの詩人とよばれるようになりました。
「農民たちは、あまりにも貧しく、みじめすぎる。農民をすくわなければ、インドの国はよくならない」
　30歳のとき、父に大きな農場のせわをまかせられて初めて身近に感じたのが、めぐまれない農民や暗い社会の問題でした。心を痛めたタゴールは、やがて村の子どもたちのために野外学校を開きました。また、そのころインドを支配していたイギリスがベンガル州を2つに分けようとしたときには、人びとの先頭にたって反対運動を起こし、インド独立のために戦いました。
　運動は成功しました。しかし、各地で起こった闘争では、おおくの人がとらえられ、命をおとしました。
「みにくい政治にかかわるのは、もうたくさんだ」

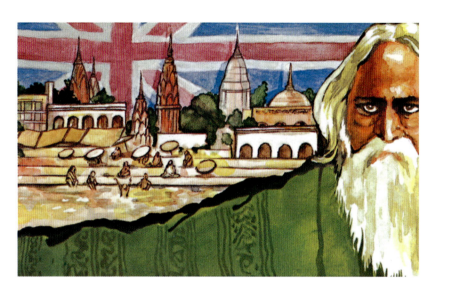

　タゴールは、独立運動から身をひき、真実に生きる人間のすがたをもとめて、清らかな詩の世界にひたるようになりました。
　1913年、自分の心の苦しみを告白し、神への祈りをつづった詩集『ギーターンジャリ』によって、東洋で初めて、ノーベル文学賞を受賞しました。こののちタゴールは、世界の国ぐにをまわり、人間の罪や運命を見つめた詩や小説や劇を通じて、世界平和のための国際協力のたいせつさをうったえつづけました。
　日本へも人類愛の意義を説くために、4度おとずれました。しかし、日本が中国へ戦争をしかけたときには、日本をはげしくひなんしました。
　タゴールは、村の片すみで始めた学校を、すべての財産を投げだしてりっぱな大学に育てあげ、1941年に80歳の生涯を終えました。いま、タゴールの詩の1つは、インド国歌となって、人びとに口ずさまれています。

メーテルリンク（1862—1949）

「病気のむすめのために、青い鳥をさがしてきておくれ。青い鳥さえあれば、あの子はしあわせになれるのだからね」

クリスマスの前の晩、貧しい木こりの息子チルチルと妹のミチルは、魔法使いのおばあさんにたのまれ、犬やネコのほか、光の精や水の精などのふしぎなお供をつれて、夢の中の世界へ青い鳥をさがしにでかけます。

しかし、思い出の国へ行っても、幸福の国へ行っても、未来の国へ行っても青い鳥はみつかりません。やっと青い鳥をつかまえたと思うと、すぐ色がかわってしまいます。

やがて、朝になり、ふたりは目をさましました。するとどうでしょう、青い鳥は、木こり小屋の鳥かごの中にいるではありませんか。ほんとうの青い鳥（しあわせ）は、すぐそばの、自分たちの生活のなかにあったのです。

これは、モーリス・メーテルリンクという人が書いた『青い鳥』のあらすじです。はじめは「幸福とはなにか」を問いかけた、大人のための劇でしたが、メーテルリンク夫人が『子どものための青い鳥』に書きなおしてから、世界じゅうの子どもたちにもしたしまれるようになりました。

1862年、ベルギーに生まれたメーテルリンクは、美しい自然にかこまれた静かな別荘で、文学や詩を楽しむ、めぐまれた少年時代をすごしました。

父が法律家だったため、自分も大学で法律を学んで弁護士になりました。しかし、ほとんど仕事をしないうちに、文学への夢を追いもとめてパリへとびだしてしまいました。そして27

　歳のとき、詩集『温室』と戯曲『マレーヌ王女』を発表して、メーテルリンクはたちまち有名になりました。
　「人間は、死や運命をどのように見つめながら生きていけばよいのだろうか」
　たくさんの作品を生みだしながら、メーテルリンクは考えつづけました。『青い鳥』のなかにも「どんな運命をせおっていても、幸福は自分でつかもう」という考えが描かれています。
　昆虫や動物の命についてもすぐれた本を著わし、『貧者の宝』『英知と運命』などの論文には1911年、ノーベル文学賞がおくられました。
　メーテルリンクは、86歳で世を去りました。
　しかし『青い鳥』はいまも読みつがれ、自分自身の幸福をさがしもとめている世界の人びとに、1日1日を清らかな心で生きぬくたいせつさを、やさしく語りかけています。

クーベルタン (1863—1937)

　古代ギリシアのオリンピアで、およそ1000年にわたって行なわれた古代オリンピックは、393年の293回を最後にすがたを消してしまいました。それから約1500年ののち、このスポーツの祭典にふたたび火をともしたのがクーベルタンです。
　1863年、フランスの貴族の家に生まれたピエール・ド・クーベルタンは、小学校を卒業すると、軍人になるために陸軍幼年学校へすすみました。しかし、戦いで勝っても、ほんとうの平和は生まれないとさとり、15歳のときに退学してしまいました。
「強い心の人間を育てるためには、学校の教育がたいせつだ」
　教育者になる道を選んだクーベルタンは、イギリスに留学して、スポーツをたいせつにしている教育に心をひかれました。
「教育に、もっとスポーツをとりいれよう！」
　フランスへとんで帰ったクーベルタンは、さっそく、学校の体育を盛んにする活動を始めました。
　すばらしいニュースを耳にしたのは、このころでした。
　ギリシアのオリンピアの遺跡が発掘されたというのです。
「そうだ、オリンピックを復興させればよいではないか」
　クーベルタンは、まずアメリカやイギリスへ行き、自分の考えを説いてまわりました。そしてフランスへもどると「オリンピック復興についての会議」をパリで開くことに決め、世界の学者や政治家に案内状を出しました。反対したり、じゃまをしたりする人もいましたが、クーベルタンはくじけませんでした。
　1894年6月23日、みごとに会議は開かれ、12か国から集まった人びと全員の賛成で、オリンピック復興が決まりました。

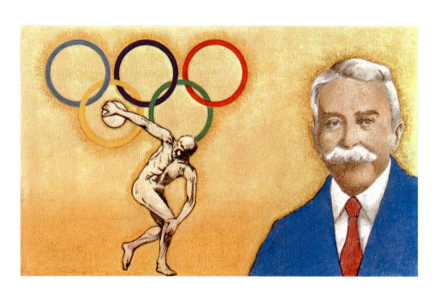

「スポーツで、世界が1つになる日がくるぞ」
　長いあいだ夢に描いていたことが、やっと実現します。31歳のクーベルタンは、からだじゅうが熱くなるような思いでした。
　第1回の近代オリンピック大会は、1896年、ギリシアのアテネで開かれました。それからは4年に1度ずつ、スポーツを愛する世界の若者が、人種をこえ、国境を越えて技をきそうようになりました。
　世界の5つの大陸を結ぶ願いを表わしている5輪の旗は、クーベルタン自身が考えたものです。オリンピックの父とよばれたクーベルタンは、1937年、74歳でスポーツにささげた一生を終えました。
　「たいせつなのは、勝つことより参加することだ」という言葉を愛したクーベルタンの心臓は、ギリシアのオリンピアの丘の上にうめられ、世界の平和を見守っています。

フォード （1863—1947）

「蒸気は、とじこめられてしまうと、どうなるのだろう」
 少年は、土びんに水を入れてふたをしばりつけ、口にはしっかりせんをして、火にかけました。まもなく、水がふっとうしたと思うと、大きな音とともに土びんがはれつして、蒸気がふきだしました。少年は、頭にけがをしてしまいましたが、蒸気には強い力があることを、自分の目で確かめました。
 この少年こそ、のちにアメリカの自動車王といわれるようになった、ヘンリー・フォードです。
 1863年にアメリカのミシガン州の農家に生まれたフォードは、少年時代から機械いじりが大すきでした。失敗をくりかえしながら、さまざまな実験をかさね、13歳のころには、町じゅうのこわれた時計をなおしてしまったほどでした。
「どんなことがあっても、ぼくは機械技術者になりたい」
 16歳のとき、こっそり家を出てデトロイトの町へ行き、エンジン工場ではたらき始めました。ところが5年ご、父が病気でたおれてしまいました。
 家にもどったフォードは、畑ではたらくことになりました。
 しかし、どうしてもエンジンのことが忘れられません。やがて、畑を耕す車に蒸気エンジンをつけた「馬のない馬車」を考えたりして、実験にとりくむようになりました。
「やっぱり、わたしが生きるところは、デトロイトしかない」
 28歳になったフォードは、農場を人に貸して、ふたたび家をとびだしました。そして、エジソンの電燈会社に勤めながら、ガソリン自動車の研究に没頭し、3年ごには、ひとりでつくっ

た「馬のない馬車」を、ヨタヨタと走らせるのに成功しました。
　やがて自分の工場を建てたフォードは、できるだけ安く、たくさんの車を生産しようと考えました。そして1913年に開始したのが、5000以上もの部品をコンベアにのせて流しながら、ずらりとならんだ労働者が、じゅんじゅんに自動車をくみたてていく、という方法でした。
「大成功だ。これで自動車が町にあふれるようになるぞ」
　限られたわずかな人たちの乗り物だった自動車は、大量生産することによって、たくさんの人が手軽に手に入れられるようになったのです。
　自動車の生産で名をあげ、たちまち大事業家となったフォードは、1947年、自動車王とよばれた輝かしい生涯を閉じました。
　若者たちに残した「将来にむかって生きよ」という言葉は、フォード自身が、終生つらぬいた信念ともいえます。

ヘディン (1865—1952)

　1895年、8頭のラクダに、食べ物、毛布、カメラ、銃、それにいちばんたいせつな水を積んで、5人の男たちが、はてしなく広がる砂漠へ足をふみ入れました。スウェーデンの探検家ヘディンを隊長として、中国の西部にあるタクラマカン砂漠を越えようというのです。見送る人びとが「自殺しに行くようなものだ」とささやきあうほど、危険な旅でした。

　人もラクダも焼きこがすような太陽。高さ30メートルもある砂丘。ごうごうと、ほえたてるようにおそってくる砂あらし。どこもかしこも、見わたすかぎり砂ばかりです。20日めには、とうとう1滴の水もなくなってしまいました。

　やがて、5頭のラクダがたおれ、4人のなかまも、かわきのために、もう、はうことすらできません。ヘディンだけが、ぼんやりする頭の中で、川にぶつかることを祈りながら歩きつづけました。

　からだはひからび、脈はくもとぎれとぎれになり始めたとき、とつぜん、神のささやきのような音が、耳に届きました。

　水です。砂漠を横ぎる川です。ヘディンは、ふるえる手で水を飲み、やっと元気をとりもどすと、長ぐつに水をみたして、たおれたなかまのもとへひき返しました。

　こうして、アジアの大砂漠の横断が成功しました。世界で初めてのことでした。

　1865年、スウェーデンのストックホルムで生まれたスベン・ヘディンは、少年時代から探検家になることを夢見ていました。大学で、中国を探検した教授に地理学を学んでからは、東の国

ぐにへの旅に、心をうばわれてしまいました。
「なぞのおおいアジア大陸を、自分の目で確かめてみよう」
　中国へ、チベットへ、モンゴルへ、ヘディンは生涯のうちに4回、命がけで足をふみ入れています。そして、砂にうずもれた楼蘭の町や、インダス川の水源や、ヒマラヤ山脈の北にあるもう1つの山脈トランスヒマラヤなどを探りあてたのです。
　ヘディンの目的は、見知らぬ土地を探検する苦しみやよろこびを、心にきざむことだけではありませんでした。地理学者として、地形や気候や、そこに住む人びとの生活などを、こまかく書きとどめておくことも忘れませんでした。そうした記録は、87歳の生涯を閉じるまでに、10冊を超える探検記と数えきれないほどの調査報告として、みごとにまとめられています。
　一生結婚もせず、ひたすらアジアを歩きつづけたヘディンの心には、いつも、未知への探求心の火が燃えていました。

孫文 (1866—1925)

　中国の革命に一生をささげた孫文は、1866年、広東省香山県（いまの中山県）の農家に生まれました。
　12歳のとき、兄のいるハワイへ渡って教育を受け、外国の進んだ文化に目をみはりました。やがて帰国して医学を学び、27歳の年に、医者としてはたらき始めました。
　このころ満州民族の清朝に支配されていた中国には、正しい法律もなく、人びとは、権力をふりまわす王朝に、いつもおさえつけられていました。ところが、そんな清朝も、外国に対する力は弱く、1894年に起こった日清戦争では、日本に負けてしまいました。
「このままだと、中国人はみじめになるばかりだ。早く清朝をたおして、新しい中国をつくり、政治を変えなければだめだ」
　孫文は、同じ考えの人びとと手を結んで立ちあがりました。しかし1895年、広州で革命ののろしをあげようとしたとき、ひそかに進めていた計画がばれてしまいました。
　故国をのがれ、いくつもの国ぐにを渡った孫文は、おおぜいの外国人や、外国にいる中国人によびかけて、革命を成功させるために協力を頼みました。
　1905年には、東京に中国革命同盟会をつくり、革命の旗じるしとして、民族・民権・民生の三民主義を高くかかげました。
「中国内のすべての民族は平等でなければならない。国の政治に対する国民の権利は平等でなければならない。国民ひとりひとりの生活の豊かさは平等でなければならない。」
　国民みんなの力で、国民みんながしあわせになる中国を建設

しようという孫文の考えは、しだいに実を結び始めました。
　やがて、同盟会の人びとは次つぎに中国へ帰り、大陸の各地で、国の権力をうちやぶる戦いを始めました。1912年、ついに清朝を倒し、中華民国をうちたてました。これは辛亥革命とよばれています。そして、臨時の大総統にえらばれたのが、16年ぶりに祖国へ帰った孫文でした。
　しかし、新しい中国の建設は、ほんとうに成功したわけではありませんでした。まもなく、孫文にかわって軍人の袁世凱が大総統になると、むかしの権力国家へもどり始めたのです。
　孫文は、中国国民党をつくって、またもや立ちあがりました。しかし、1925年、国民会議を開こうという計画をいだいたままガンにたおれ、58歳の生涯を閉じてしまいました。孫文は、新しい中国を見ることはできませんでしたが、その第一歩をふみだしたことで、いまも革命の父としてたたえられています。

「読書の手びき」

エジソン

エジソンは、教師を質問ぜめにしてついに低能児の烙印を押され、わずか３か月で小学校をやめてしまいました。母は、わが子を信じていました。そして、母が信じていたとおり、エジソンは独学によって世界の発明王となりました。ここには「学ぶこととは何か」の最もたいせつなものが物語られています。電信機、電話器、蓄音機、白熱電灯、活動写真……。これらの発明は、教えられたことの中からではなく、ものごとを能動的にみつめながら自ら学んでいくことをとおして、成し遂げられていきました。エジソンが1000以上もの発明を成し得た秘密は、すべてここにあるといっても過言ではないでしょう。死の前に昏睡状態から覚めたとき、エジソンは「あの世は、とても美しい」とつぶやき、それが最期のことばになったということです。自分の生涯を燃焼しつくした幸福感が、来世を美しいものにしたのではないでしょうか。偉大な発明王は、まず何よりも偉大な人間でした。

ゴッホ

ある日、腹をすかしたゴッホは、自分の絵を古道具屋へ持ち込んで、わずかな金を手に入れました。ところが、通りへでて、あわれな顔をした貧しい女に出あうと、その金をすべて与え、自分は空腹のまま人ごみの中へ消えていきました。これは、ゴッホの純粋さを伝える話です。ゴッホは、あまりにも純粋なために、そして、あまりに個性が強すぎたために、生涯、孤独に耐えなければなりませんでした。また、さまざまな仕事に失敗して極貧に追われ、弟の兄弟愛にすがって生きるよりしかたがありませんでした。そして、フランス南部のアルルで、やっと自由な絵をえがき始めたと思うと、２年ごには自殺してしまいました。ほんとうに薄幸な生涯でした。しかし、ゴッホは自分の心をたいせつにして、自分の人生を真剣